AF263970

LIEBE
IST WIE BROT,
ES MUSS
JEDEN TAG
FRISCH
GEBACKEN
WERDEN

EINLEITUNG

Ich nehme an, dass Sie dieses Buch aus dem gleichen Grund gekauft haben, aus dem ich es geschrieben habe... Ich habe den Geschmack und die Textur von traditionellem Brot vermisst; habe Sandwiches, Toast und den Geschmack von süßem Brot als Nachtisch vermisst. Nur weil Sie sich Low Carb/Paläo/glutenfrei/weizenfrei ernähren, bedeutet das nicht, dass Sie darauf verzichten müssen. In diesem Buch befinden sich zwanzig köstliche glutenfreie Brotrezepte, die Sie die typischen High Carb Brote im Handumdrehen vergessen lassen. Sie sind alle zuckerfrei, glutenfrei und passen auch in eine Paläo-Diät.

Die meisten Rezepte werden aus glutenfreien Mehlen wie Mandelmehl und Kokosmehl hergestellt. Während diese Rezepte gesündere Ersatzstoffe enthalten, fehlt es ihnen nicht an Geschmack!

Es gibt eine große Auswahl an Broten, um Ihr Verlangen nach Brot zu stillen. Sie finden süße Brotlaibe, die sich perfekt als Dessert oder als süßer Leckerbissen zum Frühstück eignen, Sandwichbrote, damit Sie Ihr Mittagssandwich oder Ihren Morgentoast noch genießen können, und Brot für den Abend wie Brotstangen.

Es gibt auch einen Spaßbereich, in dem Sie glutenfreie Bagels, Pizzateig, Tortillas und sogar glutenfreies Paniermehl finden. Dieses Buch ist für alle Brotliebhaber, die nach köstlichen Möglichkeiten suchen, Brot zu genießen, ohne sich mit Gluten und hohen Zuckermengen zu beschäftigen.

Wenn Ihnen dieses Buch gefallen hat, würde es mich freuen, wenn Sie eine Rezension hinterlassen würden. Besuchen Sie einfach http://www.ketojane.com/brotrezension

BAGELS
KNOBLAUCH
-Pizzateig

Ich weiß, wie schwierig getreidefreies Backen sein kann. Es ist schwer zu wissen, welches Mehl man verwenden soll, wie viel Mehl und wie viel Flüssigkeit und mehr als einmal, kommt das Brot trocken und steinhart aus dem Ofen! Bei der Erstellung dieser Rezepte fand ich die folgenden Tipps sehr hilfreich, um ein Profi beim getreidefreien Backen zu sein. Diese Zubereitungstipps gibt es schon seit langem, sie werden aber nicht so oft verwendet. Viele Menschen haben Wege gefunden, um das Backen schneller und einfacher zu machen.

Um ein perfektes getreidefreies Brot herzustellen, muss man sich etwas mehr Zeit nehmen, um die Zutaten entsprechend hinzuzugeben und am Ende ein unglaublich leckeres Brot zu erhalten. Wenn Sie diese Schritte befolgen, werden Sie sich fragen, warum Sie nicht schon immer so gearbeitet haben!!

1. **Backen mit Kokosmehl: Kokosmehl ist** großartig, aber es gibt einen Trick, um mit diesem getreidefreien Mehl zu backen. Um zu verhindern, dass Ihr Brot zu trocken wird, müssen Sie mehr Eier hinzufügen. Sparen Sie nicht an den Eiern, sonst werden Sie vom Ergebnis enttäuscht sein. Die meisten Rezepte mit Kokosmehl, die in diesem Buch vorgestellt werden, erfordern durchschnittlich 6 Eier. Vertrauen Sie mir einfach, dass alle 6 für ein saftiges und leckeres getreidefreies Brot notwendig sind!

Beim Kauf von Kokosmehl sollten Sie sich auch von getrockneten Mischungen fernhalten, da getrocknetes Kokosmehl immer noch große Mengen an Kokosöl enthält. Normales Kokosmehl enthält viel weniger Öl, was es ideal zum Backen der Rezepte in diesem Buch macht.

2. **Backen mit Mandelmehl:** Wenn Sie ein traditionell schmeckendes "körniges" Brot suchen, ist Mandelmehl vielleicht die beste Wahl für Sie. Mandelmehl gibt jedem Rezept einen köstlichen nussigen Geschmack, der sich hervorragend mit Aromen wie Zimt, Vanille und Muskatnuss verbindet. Beim Backen mit Mandelmehl benötigen Sie nicht so viele Eier wie beim Backen mit Kokosmehl. Mandelmehl ist nicht so saugfähig wie Kokosmehl, weshalb man nicht so viele Eier braucht, um ein saftiges Brot herzustellen. Wenn Sie nach einem herzhafteren Brot suchen, würde ich empfehlen, mit Mandelmehl zu arbeiten. Mandelmehl stammt aus blanchierten Mandeln (ohne Haut), was zu einem sehr feinen Mehl führt.

3. **Sieben Sie immer Ihr Kokosmehl:** Ich kann das nicht genug betonen! Wenn Sie ihre Kokosmehl nicht durchsieben, entsteht ein körniges Brot voller Kokosmehlklumpen… bäh! Um Ihr Kokosmehl zu sieben, verwenden Sie einfach ein Sieb und sieben Sie das Kokosmehl dadurch. Sieben Sie über einem großen Behälter oder einer großen Schüssel.

4. **Süßstoff und Fett cremig machen:** Das ist ein alter Backtrick, den viele von uns vergessen haben! Anstatt es sich einfach zu machen und Ihr Kokosöl oder Ihre Butter vorzuschmelzen, machen Sie das Fett, das Sie verwenden, mit dem Süßstoff cremig. Indem Sie Ihr Fett und Ihren Süßstoff cremig machen, fügen Sie Luft in die Rezeptur ein, was zu einem leichteren Endprodukt führt. Bei der Verwendung von glutenfreien Backmehlen ist das eine Notwendigkeit.

5. **Verwenden Sie Eier mit Raumtemperatur:** Wenn Sie Ihre Eier vor dem Backen auf Raumtemperatur bringen, können die Eier dem Endprodukt eine leichtere Textur verleihen.

6. **Die Eigelb in die cremige Butter geben:** Anstatt die Eier separat zu verquirlen, fügen Sie die Eigelb in das bereits cremige Fett und den Süßstoff ein und geben Sie das Eiweiß in eine separate Rührschüssel. Sie können auch die anderen Zutaten wie Gewürze, glutenfreies Mehl und Backpulver nach den Eigelben hinzufügen und mischen.

7. **Eiweiß schlagen:** Es ist wichtig, die Eigelb vom Eiweiß zu trennen, um ein leichteres Brot zu erhalten. Sie sollten das Eiweiß so lange schlagen, bis sich steife Spitzen bilden, vorzugsweise mit einem Standmixer. Wenn Sie keinen Standmixer haben, können Sie das mit einem Handmixer machen, was aber etwas länger dauern kann.

8. **Die cremige Fettmischung zum Eiweiß geben:** Der letzte Tipp ist, die cremige Fettmischung langsam unter das Eiweiß zu heben und vorsichtig zu mischen, bis sie zusammengefügt ist. Hier nicht übermäßig mischen, Sie wollen eine fluffige Konsistenz erreichen. In die vorbereitete Backform geben und backen!

9. Wenn Sie backen, und besonders wenn Sie mit getreidefreien Mehlen backen, gibt es eine Methode, wie Sie Zutaten mischen sollten. Wenn Sie sie auf diese Weise mischen und den Tipps zum Mehl und der Zubereitung oben folgen, werden Sie ein viel besseres Ergebnis und ein weniger körniges Brot erhalten.

Tipps zu alternativen Zutaten:

1. Wenn ein Rezept Mandelmehl erfordert, Sie aber Kokosmehl verwenden möchten, können Sie die Zutaten einfach austauschen. Eine gute Faustregel ist, 96g Mandelmehl durch 37g Kokosmehl zu ersetzen. Sie müssen dann die Flüssigkeit für das Rezept anpassen, indem Sie zusätzlich zu den ursprünglich geforderten Eiern 1 Ei pro 37g Kokosmehl hinzufügen.

2. Wenn Sie einem bestimmten Brotrezept einen nussigeren Geschmack verleihen möchten, können Sie das Vanilleextrakt austauschen und stattdessen Mandelextrakt verwenden.

Wie dieses Buch
FUNKTIONIERT

Dieses Kochbuch enthält hilfreiche Zubereitungstipps, damit Sie das leckerste glutenfreie Brot backen können. Es sind außerdem Serviervorschläge aufgelistet, um Ihnen eine Vorstellung davon zu geben, mit was jedes dieser Brote gut zusammenpasst. Sie werden auch feststellen, dass neben jedem Rezept ein Schwierigkeitsgrad und eine Kostenskala auftauchen. Hier erfahren Sie, wie man diese beiden Skalen liest, um den Schwierigkeitsgrad und die Preisklasse für jedes Brotrezept zu bestimmen.

Schwierigkeitsstufe:

1. Ein leicht zu backendes Brot, das mit nur einer Handvoll Zutaten und in kurzer Zeit zusammengestellt werden kann.

2. Diese Brote sind etwas schwieriger und zeitaufwendiger, aber trotzdem einfach genug für Anfänger!

3. Ein fortschrittlicheres Brot für den abenteuerlustigen Bäcker! Sie werden nicht allzu viele dieser Brote in diesem Buch finden, aber es gibt ein paar. Diese Brote sind ideal, wenn Sie etwas mehr Zeit in der Küche verbringen möchten und etwas Außergewöhnliches zubereiten möchten.

Kosten:

€: Ein preiswertes Brot für jeden Tag.

€€: Ein mittleres, mäßig teures Brot. Die Mehrheit der Brote, die Sie in diesem Buch finden, gehören zu Stufe €€ auf der Kostenskala. Diese Brote sind nicht so billig wie Stufe €, aber sie sind immer noch moderat und werden nicht so viel wie Stufe €€€ kosten.

€€€: Ein teureres Brot, das sich hervorragend zum Servieren bei einem Familienfest oder einer Party eignet. Diese Brote neigen dazu, teure Zutaten wie viele Nüsse und Samen zu enthalten, die aber jedem Rezept einen fabelhaften Geschmack geben. Sie werden in diesem Buch nicht allzu viele Brote der Stufe €€€ sehen, aber es ein paar, mit denen Sie Ihre Gäste beeindrucken können!

Zum Thema *Süßstoffe*

Bevor wir anfangen, lassen Sie uns über Süßstoffe sprechen. Wenn Sie getreidefreie, kohlenhydratarme Brote backen, werden Sie feststellen, dass es eine Reihe von verschiedenen natürlichen Süßstoffoptionen gibt. Diese Süßstoffe ersetzen Zucker und verleihen einen Hauch von Süße ohne Kohlenhydrate zu enthalten. In diesem Buch werden Sie feststellen, dass zwei verschiedene Süßstoffe verwendet werden, und ich werde kurz auf den Unterschied zwischen den beiden eingehen.

1. **Erythritol:** Erythritol ist großartig, weil es als 1:1-Ersatz verwendet werden kann, was bedeutet, dass Sie genau die gleiche Menge an Erythritol verwenden können, wie Sie Zucker verwenden würden. Erythritol bietet Ihnen fast die gleiche Menge an Süße wie normaler Zucker, was es zum bevorzugten natürlichen Süßstoff bei vielen kohlenhydratarmen Bäckern macht. Es ist ein großer natürlicher Süßstoff der ideal für Low Carb-Anfänger ist, da dieser Süßstoff Zucker sehr zu ähneln scheint.

2. **Stevia:** Stevia ist ein weiterer natürlicher Süßstoff aus dem Kochbuch und eine weitere gute Option für kohlenhydratarmes Backen. Stevia-Extrakt ist der Extrakt der Stevia-Pflanze, die natürlich vorkommt. Es ist ein kalorienfreier Süßstoff, was es ideal für diese Art des Backens macht. Stevia gibt es sowohl in Pulver- als auch in flüssiger Form. Die flüssige Form ist sehr einfach zu verwenden, und Sie müssen nur eine kleine Menge verwenden, da Stevia viel süßer als normaler Weißzucker ist. Es gibt auch verschiedene flüssige Stevia-Aromen, was es zu einer ausgezeichneten Wahl macht, um verschiedene Aromen beim Backen hervorzubringen. In diesem Buch werden Sie oft sehen, dass Vanillecreme-Stevia verwendet wird. Wenn Sie dieses spezielle Stevia-Extrakt nicht finden können, können Sie normales Stevia verwenden und zusätzlich einen Tropfen zusätzlichen reines Vanilleextrakt hinzugeben.

GRUNDRE-ZEPTE

Traditionelles Sandwichbrot

Mandelkern-Brot

Mandel-Butter-Brot

TRADITIONELLES Sandwichbrot

SCHWIERIGKEITSSTUFE: 2 **KOSTEN: €€** **VORBEREITUNGSZEIT: 15 MIN** **BACKZEIT: 45 MIN** **PORTIONEN: 8**

ZUTATEN:

- 75g gesiebtes Kokosmehl
- 32g gesiebtes glutenfreies Mehl
- 6 Eier mit Raumtemperatur, getrennt
- 105g Kokosöl
- 1 ½ Teelöffel Backpulver
- ¼ Teelöffel Salz
- 3 Esslöffel Wasser
- 1 Esslöffel Apfelessig

ANLEITUNG:

1. Heizen Sie Ihren Ofen auf 175°C vor, fetten Sie eine 22x12cm große Brotform mit Öl und legen ein Stück Backpapier in den Boden der Form.

2. Beginnen Sie damit, das Kokosöl in einer Küchenmaschine cremig zu machen. Die Eigelb nach und nach hinzufügen und das Eiweiß in eine separate Rührschüssel geben. Pulsieren, um das Kokosöl und das Eigelb zu kombinieren.

3. Das gesiebte Kokosmehl und glutenfreie Mehl, Backpulver, Apfelessig, Wasser und Salz dazugeben und noch einmal pulsieren, bis alles vermischt ist.

4. In der Rührschüssel das Eiweiß mit einem Handmixer schlagen, bis sich steife Spitzen bilden.

5. Die Kokosmehlmischung unter das Eiweiß heben und nur so lange mischen, bis alles gemischt ist.

6. In die vorbereitete Brotform gießen und 40-45 Minuten backen, dabei für die erste Hälfte der Zeit mit Alufolie bedecken, damit die Oberseite des Brots nicht verbrennt.

7. Das Brot vor dem Schneiden 15 Minuten in der Form abkühlen lassen.

8. Abdecken und im Kühlschrank für 3-4 Tage aufbewahren.

Serviervorschlag: Verwenden Sie dieses Brot wie ein traditionelles Sandwichbrot. Dieses Brot ist kinderfreundlich und passt hervorragend zu Erdnussbutter und Gelee!

Zubereitungstipp: Wenn Sie daraus ein Zimt-Rosinen-Brot machen wollen, geben Sie 1 Teelöffel Zimt und 2 Esslöffel Rosinen dazu.

MANDEL
Kern-Brot

 **SCHWIERIGKEITSSTUFE: 3**  **KOSTEN: €€**  **VORBEREITUNGSZEIT: 2 HRS**  **BACKZEIT: 50-75 MIN**  **PORTIONEN: 8**

ZUTATEN:

- 140g geschälte Sonnenblumenkerne
- 113g Mandelsplitter
- 75g Chiasamen
- 40g Psylliumschale (ganze Schale inkl. Samen)
- 140g Kürbiskerne, aufgeteilt in Schalen mit jeweils der Hälfte
- 1 Teelöffel Salz
- 52g Kokosöl
- 290ml Wasser

NÄHRWERTANGABEN (PRO PORTION)

Gesamt-Kohlenhydrate: 17g
Ballaststoffe: 12g
Eiweiß: 14g
Fett: 35g
Kalorien: 406
Netto-Kohlenhydrate: 3g

% KALORIEN AUS:

Eiweiß: 11%
Fett: 81%
Kohlenhydraten: 5%

ANLEITUNG:

1. Beginnen Sie, indem Sie 70g Kürbiskerne, Mandeln und Sonnenblumenkerne in einem Ofen für 5 Minuten bei 160°C rösten.

2. Während die Kerne geröstet werden, die Chiasamen, die Psylliumschale und das Salz in einer großen Schüssel mischen.

3. In einer separaten Schüssel das Kokosöl mit einem Handrührgerät cremig machen und in die Chiasamenmischung geben.

4. Wenn die Kerne geröstet sind, den Ofen ausschalten, die Kerne in die Mischung geben und umrühren. Das Wasser hinzufügen und weiterrühren. Wenn der Teig trocken wirkt, fügen Sie jeweils 1 Esslöffel Wasser hinzu. Der Teig soll zusammenkleben, ohne dabei zu wässrig zu sein.

5. Eine 9x23cm große Brotform mit Kokosöl einfetten und mit Backpapier auslegen. Den Teig in die Form schöpfen. Mit zusätzlichen Kürbiskernen bestreuen und flach drücken. Den Teig mit einem feuchten Geschirrtuch abdecken und vor dem Backen 2-3 Stunden ruhen lassen.

6. Nach 2-3 Stunden den Ofen auf 190°C vorheizen und je nach Ofen 50 Minuten bis 1 Stunde und 15 Minuten ohne Abdeckung backen. Überprüfen Sie das Brot nach 50 Minuten. Das Brot ist fertig, wenn es goldbraun ist.

7. Lassen Sie das Brot vollständig abkühlen, bevor Sie es aus der Form nehmen. Das kann einige Stunden dauern.

8. Schneiden und servieren Sie es wie ein traditionelles Mehrkornbrot.

Serviervorschlag: Dieses Brot passt gut zu Avocadoscheiben oder Käse in Scheiben.

Zubereitungstipp: Sie sehen, dass das Brot fertig ist, wenn es goldbraun ist. Achten Sie darauf, dass Sie das Brot nach 50 Minuten backen alle 5 Minuten überprüfen, um zu vermeiden, dass es zu dunkel wird.

MANDEL -Butter-Brot

SCHWIERIGKEITSSTUFE: 2 **KOSTEN: €€** **VORBEREITUNGSZEIT: 25 MIN** **BACKZEIT: 40 MIN** **PORTIONEN: 10**

ZUTATEN:

- 3 Eier mit Raumtemperatur, getrennt
- 2 Teelöffel schnell gehende Hefe
- 1 Teelöffel Backpulver
- 1 Teelöffel Salz
- 2 Teelöffel Apfelessig
- 2 Esslöffel Butter
- 2 Esslöffel Erythritol
- 245g Vollfett-Joghurt

ANLEITUNG:

1. Eine 27x10cm große Brotform mit Öl fetten und legen Sie ein Stückchen Backpapier auf den Boden der Form legen.

2. Beginnen Sie damit, die Butter in einer Küchenmaschine cremen zu rühren. Die Eigelb nach und nach hinzufügen und das Eiweiß in eine separate Rührschüssel geben. Pulsieren, um die Butter und das Eigelb zu vermischen.

3. Mandelmehl, Joghurt, Hefe, Backpulver, Apfelessig, Erythritol, Salz hinzugeben und noch einmal pulsieren.

4. Eiweiß mit einem Handrührgerät schlagen, bis sich steife Spitzen bilden.

5. Die Mandelmehlmischung unter das Eiweiß heben und nur so lange mischen, bis sie zusammengefügt ist. Den Teig 15 Minuten in der Brotform ruhen lassen, damit er aufgehen kann.

6. 40 Minuten backen.

7. Das Brot 15 Minuten in der Form abkühlen lassen.

8. Das Brot auf einen Teller legen und in Scheiben schneiden.

9. Im Kühlschrank aufbewahren, um die Frische zu bewahren, und innerhalb von ein paar Tagen genießen.

Serviervorschlag: Verwenden Sie dieses Brot wie ein traditionelles Sandwichbrot, getoastet mit Erdnussbutter oder frischer Butter.

Zubereitungstipp: Wenn Sie ein Samenbrot zubereiten wollen, geben Sie vor dem Backen Kürbiskerne in die Mischung. Sie können auch zerkleinerte Walnüsse hinzufügen, um ein nussigeres Brot zu erhalten. Fügen Sie gemahlenen Zimt oder Muskatnuss hinzu, um einen würzigen Brotgeschmack zu erhalten.

NÄHRWERTANGABEN (PRO PORTION)

Gesamt-Kohlenhydrate: 11g Ballaststoffe: 4g Eiweiß: 10g
Fett: 21g Kalorien: 248 Netto-Kohlenhydrate: 7g

% KALORIEN AUS: Eiweiß: 16% Fett: 74% Kohlenhydraten: 11%

BROT & BRÖTCHEN ZUM ABENDESSEN

Abendessen-Brötchen

Maisbrot-Muffins

Käse-Brotstangen

ABENDESSEN-Brötchen

 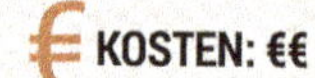   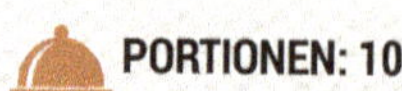

SCHWIERIGKEITSSTUFE: 1 | **KOSTEN: €€** | **VORBEREITUNGSZEIT: 10 MIN** | **BACKZEIT: 20 MIN** | **PORTIONEN: 10**

ZUTATEN:

- 6 Eier, getrennt
- 75g Kokosmehl
- 20g Psylliumschale (ganze Schale inkl. Samen)
- 1 Esslöffel Knoblauchpulver
- ½ Teelöffel Salz
- 1 Teelöffel Apfel-Apfelessig
- 6 Esslöffel Butter
- 1 ½ Teelöffel Backpulver

ANLEITUNG:

1. Heizen Sie Ihren Ofen auf 175°C vor und legen Sie ein Backblech mit Pergamentpapier aus

2. Beginnen Sie, indem Sie die Butter cremig rühren und nach und nach die Eigelbe hinzufügen und das Eiweiß in eine separate Schüssel geben.

3. Die restlichen Zutaten in die Butter-Ei-Mischung geben und vermengen. Beiseite stellen.

4. Das Eiweiß mit einem Standmixer oder einem Handmixer aufschlagen, bis sich steife Spitzen bilden. Die Buttermischung unter das Eiweiß heben. Mischen, bis sie vermischt sind.

5. In 10 Brötchen formen und 20 Minuten backen.

6. Genießen, solange sie warm sind!

Serviervorschlag: Zu einem Salat oder als Vorspeise mit Marinarasauce oder Olivenöl servieren.

Zubereitungstipp: Auf Wunsch Gewürze nach Wahl hinzufügen.
Oregano, Paprikaflocken oder Zwiebelpulver sind gute Möglichkeiten für dieses Rezept.

NÄHRWERTANGABEN (PRO PORTION)
Gesamt-Kohlenhydrate: 6g Ballaststoffe: 3g Eiweiß: 4g
Fett: 10g Kalorien: 130 Netto-Kohlenhydrate: 3g
% KALORIEN AUS: Eiweiß: 14% Fett: 76% Kohlenhydraten: 10%

MAISBROT-Muffins

 SCHWIERIGKEITSSTUFE: 1    KOSTEN: €€   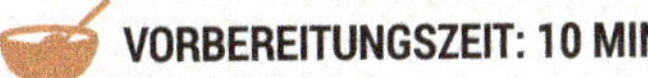 VORBEREITUNGSZEIT: 10 MIN    BACKZEIT: 20 MIN   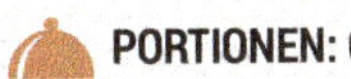 PORTIONEN: 6

ZUTATEN:

- 72g Mandelmehl
- 40g glutenfreies Maismehl
- 1 Teelöffel Backpulver
- ½ Teelöffel Salz
- 2 Eier
- 4 Esslöffel Butter
- 61g ungesüßter Vollfett-Joghurt

ANLEITUNG:

1. Heizen Sie Ihren Ofen auf 175°C vor und fetten Sie ein Muffinform mit Kokosöl ein.

2. Beginnen Sie, indem Sie die Butter cremig rühren und nach und nach die Eigelb hinzufügen und das Eiweiß in eine separate Schüssel geben.

3. Die restlichen Zutaten in die Butter-Ei-Mischung geben und vermengen. Beiseite legen.

4. Das Eiweiß mit einem Standmixer oder einem Handmixer aufschlagen, bis sich steife Spitzen bilden. Die Buttermischung unter das Eiweiß heben. Mischen, bis sie vermischt sind.

5. Den Teig in die Muffinform geben und 20 Minuten oder bis die Spitzen der Muffins goldbraun sind backen.

6. Genießen, solange sie warm sind!

Serviervorschlag: Mit einer Scheibe Butter als Vorspeise oder zu einer Hauptmahlzeit servieren.

Zubereitungstipp: Mit einer Scheibe Butter als Vorspeise oder zu einer Hauptmahlzeit servieren.

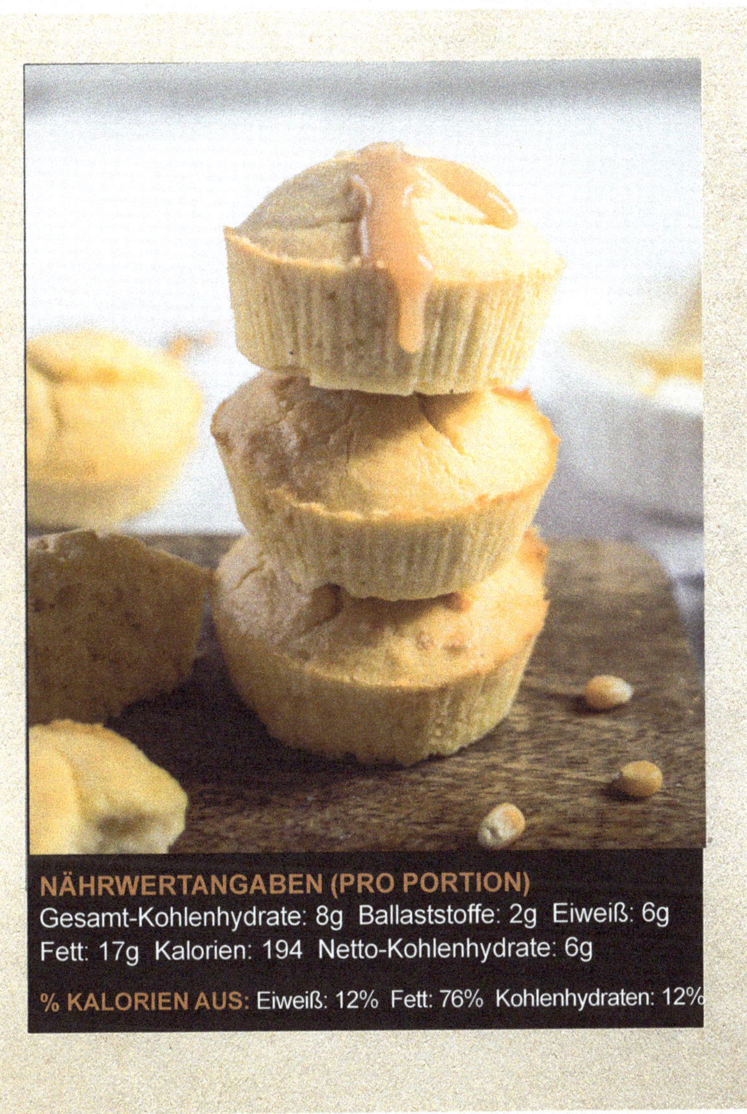

NÄHRWERTANGABEN (PRO PORTION)
Gesamt-Kohlenhydrate: 8g   Ballaststoffe: 2g   Eiweiß: 6g
Fett: 17g   Kalorien: 194   Netto-Kohlenhydrate: 6g

% KALORIEN AUS: Eiweiß: 12%   Fett: 76%   Kohlenhydraten: 12%

KÄSE -Brotstangen

 **SCHWIERIGKEITSSTUFE: 1** 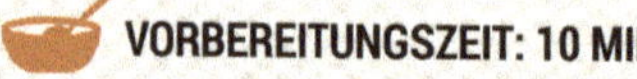 **KOSTEN: €€**  **VORBEREITUNGSZEIT: 10 MIN** 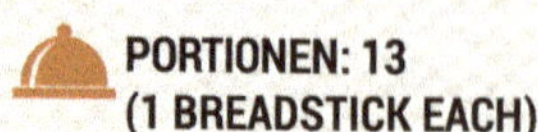 **BACKZEIT: 20 MIN** **PORTIONEN: 13 (1 BREADSTICK EACH)**

ZUTATEN:

- 450g geriebener Mozzarella-Käse
- 2 Esslöffel Kokosmehl
- 2 Eier
- 1 Prise Salz

Beläge:

- 45g zerkleinerter Parmesankäse
- 1 Esslöffel italienische Gewürze
- ½ Teelöffel Knoblauchpulver

ANLEITUNG:

1. Zunächst wird der Ofen auf 175°C vorgeheizt und ein Backblech mit Backpapier ausgelegt.

2. Als nächstes Mozzarella, Kokosmehl, Eier und Salz in eine Küchenmaschine geben und glatt rühren.

3. Die Mischung auf das ausgekleidete Backblech schöpfen und auf etwa 2,5cm Dicke zu einem Quadrat flach drücken.

4. 15 Minuten backen.

5. Aus dem Ofen nehmen und mit Parmesankäse, italienischem Gewürz und Knoblauchpulver bestreuen.

6. Weitere 5 Minuten oder bis der Parmesankäse geschmolzen ist backen.

7. Aus dem Ofen nehmen und die Brotstangen vor dem Schneiden 10-15 Minuten abkühlen lassen.

Zubereitungs-/Serviervorschlag: Mit einem Pizzaschneider in Brotstangen schneiden. Im Kühlschrank für ein paar Tage abgedeckt lagern und vor dem Servieren 10 Minuten lang im Backofen aufwärmen.

NÄHRWERTANGABEN (PRO PORTION)
Gesamt-Kohlenhydrate: 2g Ballaststoffe: 1g Eiweiß: 4g
Fett: 3g Kalorien: 47 Netto-Kohlenhydrate: 1g

% KALORIEN AUS: Eiweiß: 34% Fett: 57% Kohlenhydraten: 9%

BROTLAIBE

WÜRZIGES Zucchini-Brot

 SCHWIERIGKEITSSTUFE: 2 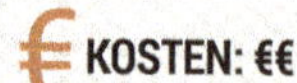 KOSTEN: €€  VORBEREITUNGSZEIT: 15 MIN  BACKZEIT: 40 MIN 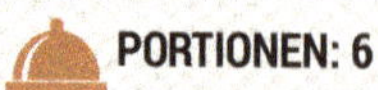 PORTIONEN: 6

ZUTATEN:

- **100g Kokosmehl**
- 2 Esslöffel glutenfreies Mehl
- 3 Eier, getrennt
- 57g geschmolzene Butter
- Becher geschredderte Zucchini
- 160ml Kokosmilch
- 1 Teelöffel Piment
- 1 Teelöffel Zimt
- ¼ Teelöffel Salz
- ½ Teelöffel reines Vanilleextrakt
- 1 Teelöffel Backpulver
- 50g Erythritol
- ¼ cup erythritol

ANLEITUNG:

1. Heizen Sie Ihren Ofen auf 205°F vor, fetten Sie eine Brotform mit Öl ein und legen Sie ein Stück Backpapier auf den Boden der Form.

2. Das Kokosmehl mit den Gewürzen und dem Backpulver verrühren. In einer separaten Schüssel die Eier mit der Butter schaumig schlagen. Die Kokoscreme dazugeben und verrühren. Die feuchten Zutaten in die Trockenmasse und mit einem Holzlöffel umrühren, bis keine Klumpen mehr übrig sind.

3. Überschüssige Feuchtigkeit aus den zerkleinerten Zucchini auspressen und in den Teig geben. Nur so lange mischen, bis sie untergemischt ist. In die Brotform gießen.

4. 40 Minuten lang oder bis ein Zahnstocher, der in die Mitte des Brotes gesteckt wird, sauber herauskommt, backen.

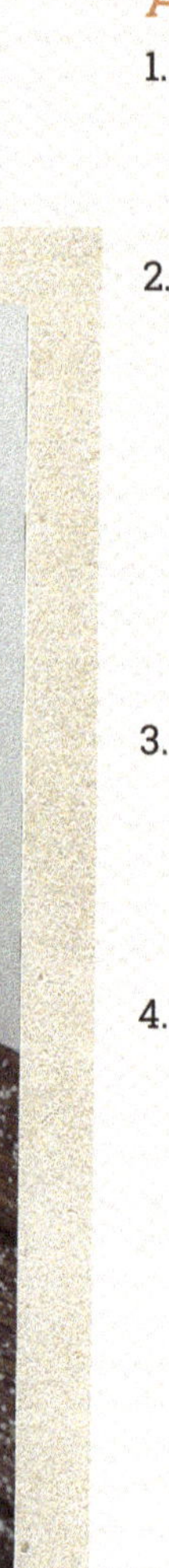

NÄHRWERTANGABEN (PRO PORTION)
Gesamt-Kohlenhydrate: 13g Ballaststoffe: 7g Eiweiß: 6g
Fett: 17g Kalorien: 228 Netto-Kohlenhydrate: 5g

% KALORIEN AUS: Eiweiß: 12% Fett: 78% Kohlenhydraten: 10%

SÜßKARTOFFEL
-Brot

 **SCHWIERIGKEITSSTUFE: 2**  **KOSTEN: €€**  **VORBEREITUNGSZEIT: 15 MIN**  **BACKZEIT: 20 MIN**  **PORTIONEN: 6**

ZUTATEN:

- 37g Kokosmehl
- 3 Eier, getrennt
- 2 Esslöffel weiche Butter
- 2 Esslöffel Kokosmilch (aus der Dose)
- ¼ Teelöffel Salz
- ½ Teelöffel reiner Vanilleextrakt
- ¼ Teelöffel Backpulver
- 112g pürierte Süßkartoffel (frisch oder im Geschäft gekauft)
- 25g Walnüsse
- 1 Teelöffel Vanillecreme Stevia-Extrakt

ANLEITUNG:

1. Heizen Sie den Ofen auf 205°C vor, fetten Sie eine Brotform mit Öl ein und legen ein Stück Backpapier auf den Boden der Form.

2. Butter und Stevia zusammen schaumig rühren. Die Eigelb hinzufügen und vermischen, wobei die Eiweiß in eine separate Schüssel gegeben werden. Die restlichen Zutaten abzüglich der Walnüsse zugeben und nochmals mischen. Die Walnüsse zuletzt sanft unterheben.

3. Das Eiweiß mit einem Hand- oder Standmixer verrühren, bis sich steife Spitzen bilden, und die Buttermischung unter die Eier heben. Nur so lange mischen, bis sie zusammengefügt sind. In die Backform gießen.

4. 20 Minuten lang oder bis ein Zahnstocher, der in die Mitte des Brotes eingesetzt wird, sauber herauskommt, backen.

NÄHRWERTANGABEN (PRO PORTION)
Gesamt-Kohlenhydrate: 7g Ballaststoffe: 3g Eiweiß: 5g
Fett: 11g Kalorien: 143 Netto-Kohlenhydrate: 4g

% KALORIEN AUS: Eiweiß: 15% Fett: 73% Kohlenhydraten: 12%

ZIMTSTRUDEL
-Brot

 SCHWIERIGKEITSSTUFE: 2    KOSTEN: €€    VORBEREITUNGSZEIT: 15 MIN    BACKZEIT: 40 MIN    PORTIONEN: 8

ZUTATEN:

- 75g Kokosmehl
- 6 Eier
- 113g Butter
- 100g Erythritol
- 1 Esslöffel Erythritol (für Zimtstrudel)
- ½ Teelöffel reiner Vanilleextrakt
- 1 Teelöffel Backpulver
- 1 Teelöffel Zimt

Zimtstrudel:

- 1 Esslöffel Erythritol gemischt mit 1 Esslöffel Zimt

ANLEITUNG:

1. Heizen Sie den Ofen auf 175°C vor und fetten Sie eine Brotform mit Kokosöl ein. Legen Sie die Brotform außerdem mit Backpapier aus, da dieses Brot dazu neigt, zu kleben.

2. Beginnen Sie, den Zimtstrudel zu machen, indem Sie den 1 Esslöffel Erythritol und den 1 Teelöffel Zimt in einer Schüssel vermischen und sie beiseite stellen.

3. Die Butter und 100g Erythritol cremig rühren. Die Eigelb hinzufügen und vermischen, wobei die Eiweiß in eine separate Schüssel gegeben werden. Die restlichen Zutaten zugeben und erneut mischen.

4. In einer separaten Schüssel das Eiweiß mit einem Hand- oder Standmixer verrühren, bis sich steife Spitzen bilden. Die Buttermischung unter das verquirlte Eiweiß heben. Nur so lange mischen, bis sie vermischt sind.

5. Die Hälfte des Teigs in die Brotform geben und mit der Hälfte der Zimtmasse darauf geben. Diese Hälfte mit dem restlichen Brotteig übergießen und den Teig gleichmäßig glatt streichen.

6. Die restliche Zimtmischung in die Form geben.

7. 40 Minuten oder bis das Brot fest ist backen.

8. Vor dem Schneiden in der Form abkühlen lassen.

MANDEL
-Kürbiskern-Brot

 **SCHWIERIGKEITSSTUFE: 2**  **KOSTEN: €€**  **VORBEREITUNGSZEIT: 15 MIN**  **BACKZEIT: 35-40 MIN** **PORTIONEN: 8**

ZUTATEN:

- 6 Eier, geschlagen
- 105g geschmolzenes Kokosöl
- 1 Teelöffel Vanilleextrakt
- 50g Erythritol
- 75g Kokosmehl, gesiebt
- ½ Teelöffel Salz
- ½ Teelöffel Backpulver
- 1 Esslöffel Kürbiskuchengewürz
- 1 Teelöffel Zimt
- 56g Mandelsplitter
- 70g Kürbiskerne, aufgeteilt auf zwei Schalen

ANLEITUNG:

1. Den Ofen auf 175°C vorheizen und eine Brotform mit Kokosöl einfetten. Für beste Ergebnisse sollten Sie die Form mit Backpapier auslegen, um zu verhindern, dass das Brot anklebt.

2. Kokosöl und Erythritol vermischen. Die Eigelb hinzufügen und untermischen, dabei das Eiweiß in eine separate Schüssel geben. Die restlichen Zutaten, abzüglich der Kürbiskerne, der Mandelsplitter und des Eiweißes, zugeben und nochmals vermengen. Die Mandelsplitter und die Hälfte der Kürbiskerne vorsichtig vermischen.

3. Das Eiweiß mit einem Hand- oder Standmixer verrühren, bis sich steife Spitzen bilden, und die Mehlmischung unter die Eier heben. Nur so lange mischen, bis sie zusammengefügt sind. In die Brotform gießen.

4. 35-40 Minuten backen, oder bis die Mitte des Laibs fest ist und ein Zahnstocher, der in die Mitte des Brotes eingeführt wird, sauber herauskommt.

5. Sobald das Brot fertig gebacken ist, fügen Sie den restlichen 35g Kürbiskerne an der Außenseite des Brotes hinzu, indem Sie die Kürbiskerne vorsichtig in das Brot drücken, so gut Sie können. Es ist in Ordnung, wenn viele von ihnen abfallen, das ist nur, um dem Brot einen zusätzlichen Crunch zu verleihen.

6. Das Brot vor dem Servieren 15 Minuten abkühlen lassen.

Serviervorschlag: Ich empfehle, dieses Brot warm zu servieren. Um das restliche Brot zu servieren, einfach in die Mikrowelle stellen oder im Ofen wieder erhitzen und mit einer Scheibe Butter servieren.

Zubereitungstipp: Wenn Sie die Aromen von Kürbis und Zimt hervorheben wollen, geben Sie eine Prise Muskatnuss dazu. Außerdem kann Stevia anstelle von Erythritol verwendet werden, sie benötigen jedoch nur etwa 1 Teelöffel flüssiges Stevia, da Stevia viel süßer ist.

NÄHRWERTANGABEN (PRO PORTION)
Gesamt-Kohlenhydrate: 13g Ballaststoffe: 4g Eiweiß: 9g
Fett: 25g Kalorien: 282 Netto-Kohlenhydrate: 9g

% KALORIEN AUS: Eiweiß: 12% Fett: 76% Kohlenhydraten: 12%

HEIDELBEER-Brot

SCHWIERIGKEITSSTUFE: 2 **KOSTEN: €€** **VORBEREITUNGSZEIT: 15 MIN** **BACKZEIT: 35-40 MIN** **PORTIONEN: 8**

ZUTATEN:

- 75g Kokosmehl
- 6 Eier
- 113g Butter
- 8 Teelöffel Erythritol
- ½ Teelöffel Salz
- ½ Teelöffel reines Vanilleextrakt
- 1 Teelöffel Backpulver
- 80g frische Heidelbeeren (nicht gefroren)

ANLEITUNG:

1. Heizen Sie Ihren Ofen auf 175°C vor und fetten Sie eine Brotform mit Kokosöl oder Butter ein. Legen Sie die Brotform außerdem mit Backpapier aus, damit Sie das Brot nach dem Backen leicht aus der Form nehmen können.

2. Butter und Erythritol cremig rühren. Die Eigelb hinzufügen und vermengen, dabei das Eiweiß in eine separate Schüssel geben. Die restlichen Zutaten abzüglich der Heidelbeeren hinzugeben und nochmals mischen. Die Heidelbeeren abschließend sanft unterheben.

3. Das Eiweiß mit einem Hand- oder Standmixer verrühren, bis sich steife Spitzen bilden, und die Mehlmischung unter die Eier heben. Nur so lange mischen, bis sie zusammengefügt sind. In die Backform gießen.

4. 35-40 Minuten lang, oder bis ein Zahnstocher, der in der Mitte eingesetzt wird, sauber herauskommt, backen.

5. Das Brot vor dem Servieren 15 Minuten abkühlen lassen.

Serviervorschlag: Dieses Brot eignet sich hervorragend als Frühstück für unterwegs oder sogar als Leckerbissen nach dem Abendessen. Ich empfehle, es mit einer Tasse Kaffee oder Kräutertee zu servieren. Um daraus ein Dessert zu machen, versuchen Sie, das Brot mit einer Portion ungesüßter Schlagsahne zu bedecken. Bitte beachten Sie, dass eventuelle Ergänzungen des Brots nicht in den Nährwertangaben enthalten sind.

Zubereitungstipp: Wenn Sie ein "körnigeres" und nussigeres Brot möchten, können Sie das Kokosmehl mit Mandelmehl ersetzen. Erhöhen Sie die Menge auf 120g Mandelmehl statt 75g Kokosmehl und 2 Eier statt 6. Stevia kann anstelle von Erythritol verwendet werden, aber Sie benötigen nur etwa 1 Teelöffel flüssiges Stevia, da Stevia viel süßer ist.

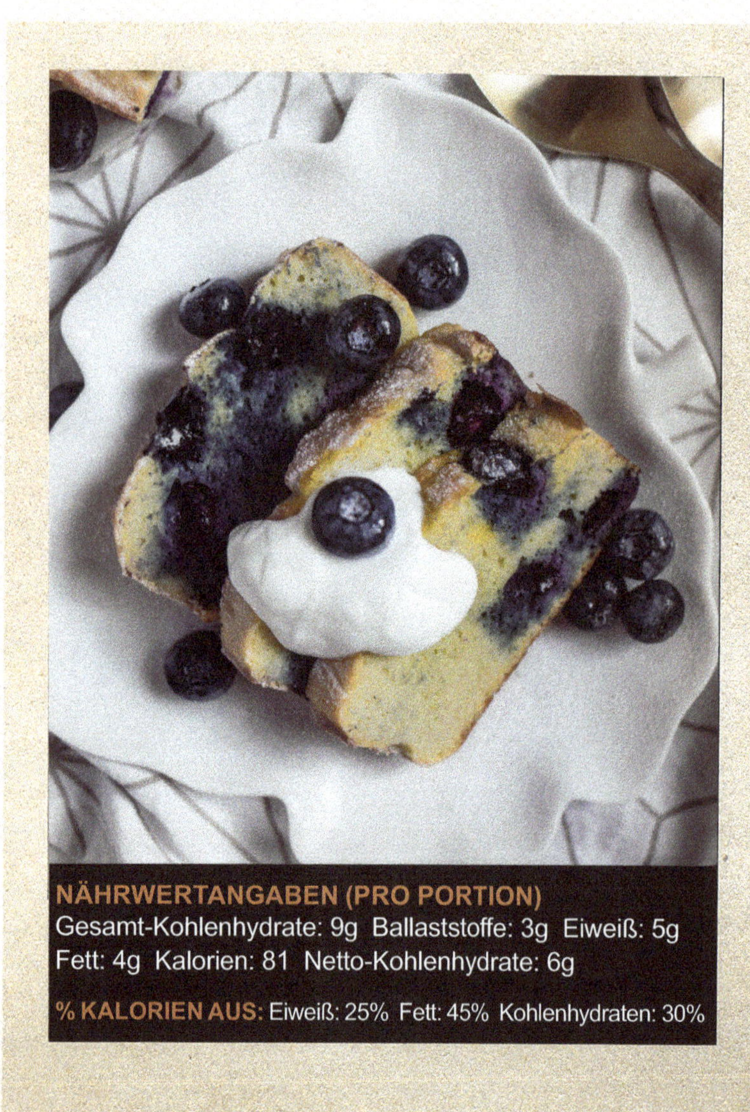

NÄHRWERTANGABEN (PRO PORTION)
Gesamt-Kohlenhydrate: 9g Ballaststoffe: 3g Eiweiß: 5g
Fett: 4g Kalorien: 81 Netto-Kohlenhydrate: 6g

% KALORIEN AUS: Eiweiß: 25% Fett: 45% Kohlenhydraten: 30%

DEKADENTES
Schoko-Brot

 **SCHWIERIGKEITSSTUFE: 2**    **KOSTEN: €€**   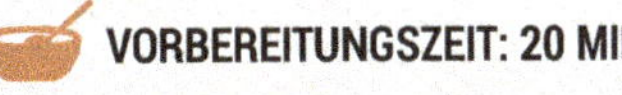 **VORBEREITUNGSZEIT: 20 MIN**   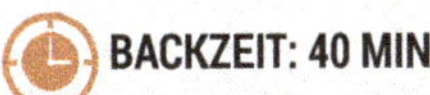 **BACKZEIT: 40 MIN**   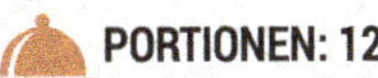 **PORTIONEN: 12**

ZUTATEN:

- 75g Kokosmehl
- 6 Eier
- 230g zerdrückte Avocado
- 113g Butter, geschmolzen
- 100g Erythritol
- 22g rohes, ungesüßtes Kakaopulver
- ½ Teelöffel reines Vanilleextrakt
- 1 Teelöffel Backpulver
- Kokosöl zum Einfetten

ANLEITUNG:

1. Heizen Sie Ihren Ofen auf 175°C vor und fetten Sie eine Brotform mit Kokosöl ein. Sie sollten die Brotform außerdem mit Backpapier auslegen, da dieses Brot dazu neigt, zu kleben.

2. Die Butter und 100g Erythritol cremig rühren. Die Eigelb hinzufügen und unterrühren, dabei das Eiweiß in eine separate Schüssel geben. Die restlichen Zutaten zugeben und erneut mischen.

3. In einer separaten Schüssel das Eiweiß mit einem Hand- oder Standmixer verrühren, bis sich steife Spitzen bilden. Die Buttermischung unter das verquirlte Eiweiß heben. Nur so lange mischen, bis sie zusammengefügt sind.

4. 40 Minuten oder bis das Brot durch ist backen. Vor dem Schneiden in der Form abkühlen lassen.

Serviervorschlag: Um es in ein Dessert-Brot zu verwandeln, bedecken Sie es mit zusätzlichen dunkle Schokoladenchips und einem Schlag ungesüßter Schlagsahne. Bitte beachten Sie, dass dies in den Nährwertangaben nicht berücksichtigt wird. Lagern Sie das Brot im Kühlschrank, um es frisch zu halten, und erwärmen Sie es nach Belieben erneut.

NÄHRWERTANGABEN (PRO PORTION)
Gesamt-Kohlenhydrate: 13g Ballaststoffe: 2g Eiweiß: 4g
Fett: 13g Kalorien: 132 Netto-Kohlenhydrate: 11g

% KALORIEN AUS: Eiweiß: 9% Fett: 66% Kohlenhydraten: 25%

ZITRONEN-Brot

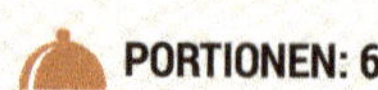

SCHWIERIGKEITSSTUFE: 2   KOSTEN: €€   VORBEREITUNGSZEIT: 15 MIN   BACKZEIT: 35-40 MIN   PORTIONEN: 6

ZUTATEN:

- 75g Kokosmehl (gesiebt)
- 57g Butter
- 6 Eier, getrennt
- Saft aus 2 Zitronen
- 180ml Vollfett-Kokosmilch
- 50g Erythritol
- ½ Teelöffel reines Vanilleextrakt
- 1 Teelöffel Backpulver
- ½ Teelöffel Salz

ANLEITUNG:

1. Heizen Sie Ihren Ofen auf 175°C vor, fetten Sie eine Brotform mit Öl ein und legen Sie ein Stück Backpapier auf den Boden der Form.

2. Butter und Erythritol cremig rühren.

3. Die Eigelb hinzufügen und vermengen, dabei das Eiweiß in eine separate Schüssel geben. Die restlichen Zutaten zugeben und erneut mischen.

4. Das Eiweiß mit einem Hand- oder Standmixer verrühren, bis sich steife Spitzen bilden, und die Buttermischung unter die Eier heben. Nur so lange mischen, bis sie zusammengefügt sind. In die Backform gießen.

5. 35-40 Minuten lang oder bis ein Zahnstocher, der in die Mitte des Brotes eingesetzt wird, sauber herauskommt, backen.

6. Lassen Sie das Brot vor dem Schneiden abkühlen.

Serviervorschlag: Als leckeres Frühstücksbrot mit einer Tasse Kaffee oder Tee servieren.

Zubereitungstipp: Überprüfen Sie das Brot nach 35 Minuten. Sie müssen darauf achten, dass die Oberseite des Brotes nicht anbrennt, also nehmen Sie es aus dem Ofen, wenn es goldbraun ist.

NÄHRWERTANGABEN (PRO PORTION)
Gesamt-Kohlenhydrate: 17g   Ballaststoffe: 4g   Eiweiß: 8g
Fett: 20g   Kalorien: 244   Netto-Kohlenhydrate: 13g

% KALORIEN AUS: Eiweiß: 12%   Fett: 68%   Kohlenhydraten: 20%

ÜBERARBEITETE KLASSIKER

Bagels

Englische Zimt-Muffins aus der Mikrowelle

Wolkenbrot

Knoblauch-Pizzateig

Mehlfreie Tortillas

Kürbisbrot-Muffins

Paniermehl nach italienischer Art

Rustikale Boule

Jalapeño Maisbrot

BAGELS

    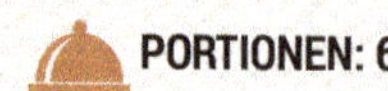

SCHWIERIGKEITSSTUFE: 2   **KOSTEN: €€**   **VORBEREITUNGSZEIT: 25 MIN**   **BACKZEIT: 15-20 MIN**   **PORTIONEN: 6**

ZUTATEN:

- 192g Mandelmehl
- 128g glutenfreies Mehl
- 1 Ei
- 37g gesiebtes Kokosmehl
- 2 Teelöffel sofort gehende Hefe
- 2 Esslöffel Olivenöl
- 6 Esslöffel heißes Wasser
- 920ml kaltes Wasser
- 1 Teelöffel Backpulver

- 1 Teelöffel geschmolzene Butter
- 2 Esslöffel Mohnsamen
- 1 Esslöffel granulierte Zwiebel
- 1 Esslöffel granulierter Knoblauch
- Eine Prise Meersalz

ANLEITUNG:

1. In einer großen Rührschüssel die 6 Esslöffel heißes Wasser, das Olivenöl und die Hefe zusammenschlagen.

2. Das Ei in einer großen separaten Rührschüssel verquirlen, dann das Mandelmehl, das glutenfreie Mehl, den Knoblauch und die Zwiebel hinzufügen. Gut vermischen und dann die Wasser-, Öl- und Hefemischung zugeben und zu einem Teig vermengen. In 6 Kugeln rollen und zu Bagels formen.

3. Die 920ml kaltes Wasser, Salz und Backpulver in einen großen Topf geben und zum Kochen bringen. Heizen Sie Ihren Ofen auf 175°C vor und legen Sie ein Backblech mit Backpapier aus.

4. Sobald das Wasser kocht, legen Sie einen Bagel nach dem anderen hinein. Jeweils ca. 1 Minute kochen und dann auf das Backblech legen. Mit der geschmolzenen Butter und dem Mohn bestreichen und für ca. 15 Minuten oder bis sie knusprig sind backen.

Serviervorschlag: Mit Frischkäse oder Butter servieren, wie bei einem traditionellen Bagel.

Zubereitungstipp: Sie können die Bagels in jedem beliebigen Geschmack herstellen. Köstliche Optionen sind Zimt oder Sesambagel.

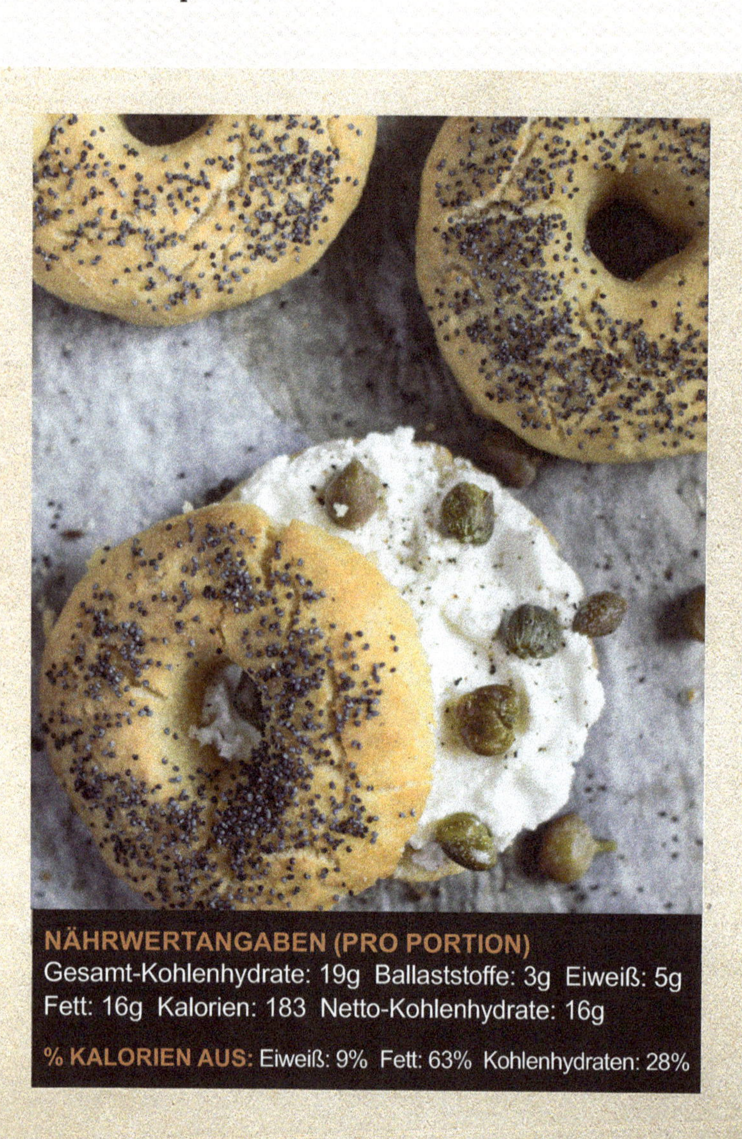

NÄHRWERTANGABEN (PRO PORTION)
Gesamt-Kohlenhydrate: 19g   Ballaststoffe: 3g   Eiweiß: 5g
Fett: 16g   Kalorien: 183   Netto-Kohlenhydrate: 16g

% KALORIEN AUS: Eiweiß: 9%   Fett: 63%   Kohlenhydraten: 28%

ENGLISCHE ZIMT
-Muffins aus der Mikrowelle

 SCHWIERIGKEITSSTUFE: 1  KOSTEN: €€  VORBEREITUNGSZEIT: 10 MIN  BACKZEIT: 3-5 MIN 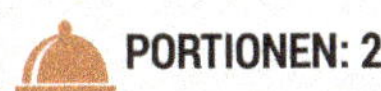 PORTIONEN: 2

ZUTATEN:

- 2 Esslöffel Kokosmehl, gesiebt
- 2 Esslöffel ungesüßte Sojamilch
- 2 Eier
- 1 Esslöffel Butter
- 1 Esslöffel Kokosnussöl
- ½ Teelöffel Backpulver
- ¼ Teelöffel Apfelessig
- 1 Teelöffel gemahlener Zimt
- 1 Prise Meersalz

ANLEITUNG:

1. Beginnen Sie damit, die Butter zusammen mit dem Kokosöl und der Sojamilch in einer mikrowellengeeigneten Schale und verrühren.

2. In einer separaten Schüssel Mehl, Backpulver, Apfelessig, Zimt und Salz verrühren. Die Eigelb hinzugeben und verrühren. In die Buttermasse gießen und mischen.

3. In einer separaten Schüssel das Eiweiß mit einem Handrührgerät schlagen, bis sich steife Spitzen bilden, und vorsichtig unter die Mehlmischung heben.

4. Den Teig in 2 gefettete Auflaufformen geben und bis zur Hälfte füllen, für ca. 1 Minute oder bis die Mitte der englischen Muffins fest ist in die Mikrowelle stellen.

5. Einige Minuten abkühlen lassen, dann aus der Form nehmen und in Scheiben schneiden.

6. Auf Wunsch toasten und mit Butter oder Ghee servieren (optional).

Serviervorschlag: Machen Sie ein Ei-Sandwich mit diesen köstlichen hausgemachten und getreidefreien englischen Muffins.

Zubereitungstipp: Sie erkennen, dass die englischen Muffins fertig sind, wenn die Mitte fest ist. Wenn dies nicht innerhalb der 1 Minute geschieht, weitere 20 Sekunden warten.

NÄHRWERTANGABEN (PRO PORTION)
Gesamt-Kohlenhydrate: 6g Ballaststoffe: 3g Eiweiß: 7g
Fett: 18g Kalorien: 214 Netto-Kohlenhydrate: 3g

% KALORIEN AUS: Eiweiß: 14% Fett: 80% Kohlenhydraten: 20%

WOLKENBROT

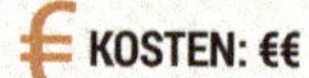 **SCHWIERIGKEITSSTUFE:** 1  **KOSTEN:** €€ **VORBEREITUNGSZEIT:** 15 MIN 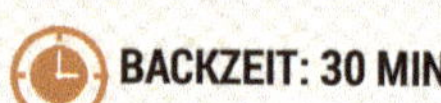 **BACKZEIT:** 30 MIN 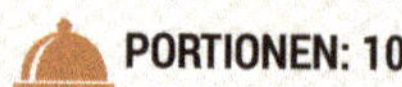 **PORTIONEN:** 10

ZUTATEN:

- 3 Eier, getrennt
- 3 Esslöffel Butter
- ¼ Teelöffel Apfelessig
- 1 Tropfen Stevia-Extrakt
- ½ Teelöffel Backpulver
- 1 Prise Salz

ANLEITUNG:

1. Heizen Sie Ihren Ofen auf 150°C vor und legen Sie ein Backblech mit Backpapier aus.

2. Geben Sie die Eigelb in eine Schüssel und das Eiweiß in eine andere. In der Schüssel mit dem Eigelb das Eigelb verquirlen und die restlichen Zutaten hinzufügen.

3. Das Eiweiß mit einem Stand- oder Handmixer schlagen, bis sich steife Spitzen bilden. Die Eigelbmasse vorsichtig unter das Eiweiß heben.

4. In 10 Kugeln formen und auf das Backblech legen.

5. Ca. 30 Minuten oder bis sie goldbraun sind backen.

6. Warm genießen und die Reste abgedeckt im Kühlschrank lagern.

Serviervorschlag: Zu einem Salat oder zu einer Suppe servieren.

Zubereitungstipp: Sie sollten sehr vorsichtig sein, beim untermischen des Eiweiß nicht zu lange zu rühren, da dies zu einem weniger fluffigen Brot führt.

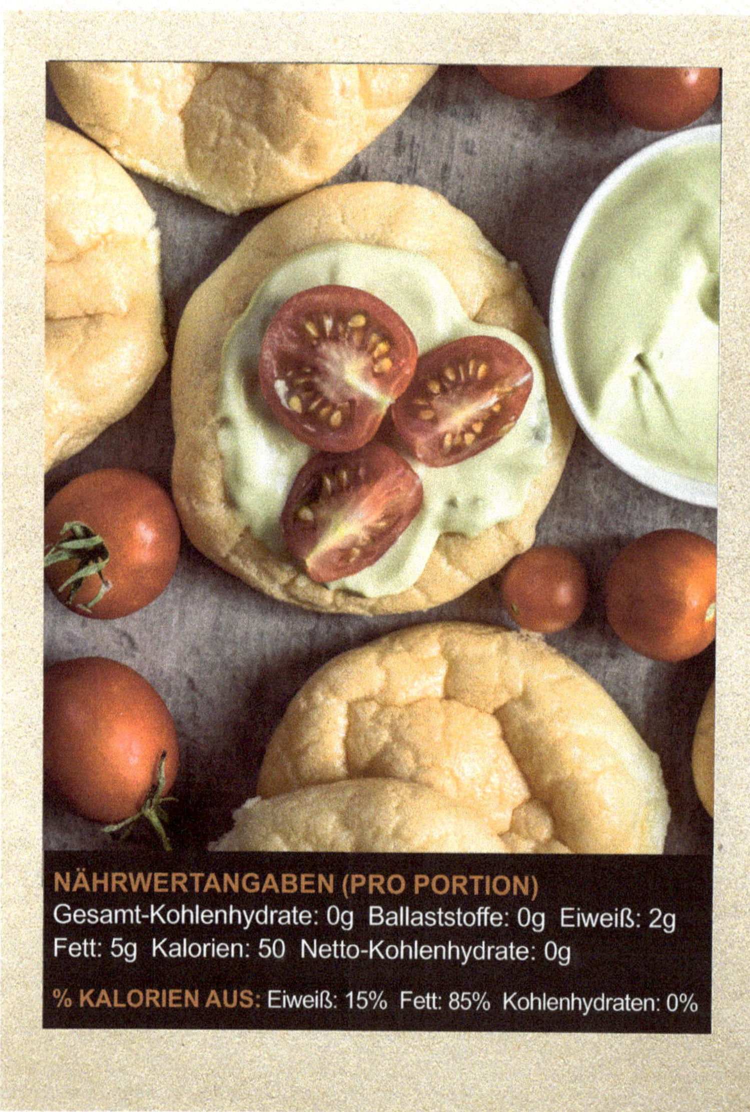

NÄHRWERTANGABEN (PRO PORTION)
Gesamt-Kohlenhydrate: 0g Ballaststoffe: 0g Eiweiß: 2g
Fett: 5g Kalorien: 50 Netto-Kohlenhydrate: 0g

% KALORIEN AUS: Eiweiß: 15% Fett: 85% Kohlenhydraten: 0%

KNOBLAUCH
-Pizzateig

 SCHWIERIGKEITSSTUFE: 1　 KOSTEN: €€　 VORBEREITUNGSZEIT: 10 MIN　 BACKZEIT: 20 MIN　 PORTIONEN: 4

ZUTATEN:

- 96g Mandelmehl
- 128g glutenfreies Mehl
- 3 Knoblauchzehen
- 2 Eier
- 2 Esslöffel Olivenöl
- 1 Teelöffel Backpulver
- 1 Prise Salz

ANLEITUNG:

1. Heizen Sie den Ofen auf 205°C vor und legen Sie ein Backblech mit Backpapier aus.

2. Geben Sie alle Zutaten in einen Hochgeschwindigkeitsmixer und mischen Sie sie zu einem glatten Ganzen.

3. Den Teig auf das mit Backpapier ausgelegte Backblech geben, und ihn in eine lange rechteckige Form oder in eine traditionelle runde Pizza ausrollen.

4. 10 Minuten oder bis er leicht gebräunt ist backen. Dann mit dem Belag nach Wahl bestreuen und weitere 10 Minuten backen.

Serviervorschlags: Mit Ihren Lieblingspizzabelägen wie Käse, grünen Paprika, Zwiebeln und Wurst belegen.

Zubereitungstipp: Wenn der Teig zu trocken erscheint, geben Sie 1 weiteren Esslöffel Olivenöl zum Verdünnen hinzu. Dieser Teig ist eher für herzhafte Pizzas als für traditionelle Pizza geeignet, zögern Sie also nicht, alle möglichen ausgefallenen Beläge wie Pilze oder einen scharf schmeckenden Käse wie Fetakäse oder sogar einige frische Kräuter hinzuzufügen.

NÄHRWERTANGABEN (PRO PORTION)
Gesamt-Kohlenhydrate: 7g　Ballaststoffe: 3g　Eiweiß: 9g
Fett: 19g　Kalorien: 225　Netto-Kohlenhydrate: 4g

% KALORIEN AUS: Eiweiß: 16%　Fett: 77%　Kohlenhydraten: 7%

MEHLFREIE
Tortillas

 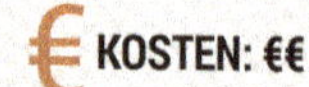  

SCHWIERIGKEITSSTUFE: 2 **KOSTEN: €€** **VORBEREITUNGSZEIT: 5 MIN** **BACKZEIT: APPROXIMATELY 10-15 MIN**

 **PORTIONEN: 12 (1 TORTILLA PER SERVING)**

ZUTATEN:

- 113g weicher Frischkäse
- 6 Eier
- 100ml Vollmilch
- 1 Teelöffel Knoblauchpulver
- Prise Salz
- Kokosöl zum Kochen (nicht in den Nährwertangaben enthalten)

ANLEITUNG:

1. Beginnen Sie damit, eine kleine Pfanne in Omelettgröße bei mittlerer Hitze mit Kokosöl vorzuwärmen.

2. Alle Zutaten in eine Küchenmaschine geben und glatt rühren.

3. Geben Sie gerade so viel Teig, dass der Boden der Pfanne bedeckt ist, und garen Sie ihn auf jeder Seite 45 - 60 Sekunden lang.

4. Wiederholen Sie diesen Vorgang, bis alle Tortillas gar sind. Verwenden Sie jedes Mal zusätzliches Kokosöl, um ein Ankleben zu vermeiden.

Zubereitungstipp: Die Tortillas sind schnell durch, drehen Sie sie also um, sobald sich die Mitte festigt. Wie herkömmliche Tortillas servieren.

NÄHRWERTANGABEN (PRO PORTION)
Gesamt-Kohlenhydrate: 1g Ballaststoffe: 0g Eiweiß: 4g
Fett: 6g Kalorien: 72 Netto-Kohlenhydrate: 1g

% KALORIEN AUS: Eiweiß: 22% Fett: 73% Kohlenhydraten: 5%

KÜRBISBROT
-Muffins

 **SCHWIERIGKEITSSTUFE: 2**  **KOSTEN: €€** **VORBEREITUNGSZEIT: 18 MIN**  **BACKZEIT: 18 MIN** 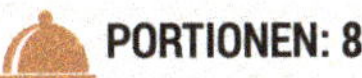 **PORTIONEN: 8**

ZUTATEN:

- 75g Kokosmehl, gesiebt
- 113g Dosen-Kürbispüree
- 3 Esslöffel Butter ODER Kokosöl
  (In den Nährwertangaben: Butter)
- 6 Eier, getrennt
- 1 Teelöffel Kürbiskuchengewürz
- 1 Teelöffel reines Vanilleextrakt
- 50g Erythritol
- 1 Teelöffel Backpulver
- ½ Teelöffel Salz
- 30g Walnüsse, gehackt

NÄHRWERTANGABEN (PRO PORTION)

Gesamt-Kohlenhydrate: 12g
Ballaststoffe: 3g
Eiweiß: 6g
Fett: 11g
Kalorien: 148
Netto-Kohlenhydrate: 9g

% KALORIEN AUS:

Eiweiß: 15%
Fett: 62%
Kohlenhydraten: 23

ANLEITUNG:

1. Den Ofen auf 175°C vorheizen und eine Muffinform mit Kokosöl einfetten.

2. Butter und Erythritol cremig rühren.

   Die Eigelb hinzufügen und vermischen, wobei die Eiweiß in eine separate Schüssel gegeben werden. Die restlichen Zutaten zugeben und erneut mischen.

3. Das Eiweiß mit einem Hand- oder Standmixer verquirlen, bis sich steife Spitzen bilden, und die Kürbismischung unter die Eier heben. Nur so lange mischen, bis sie zusammengefügt sind. In die Muffinform füllen.

4. 18-20 Minuten oder bis ein Zahnstocher, der in die Mitte der Muffins eingesetzt wird, sauber herauskommt, backen.

Serviervorschlag: Servieren Sie sie mit einer Scheibe Butter und einer heißen Tasse Kaffee für das perfekte Herbstfrühstück.

Zubereitungstipp: Für einen nussigeren Geschmack, ersetzen Sie das Kokosmehl mit 120g Mandelmehl, und reduzieren Sie die Eier auf 3.

PANIERMEHL NACH
italienischer Art

 SCHWIERIGKEITSSTUFE: 2   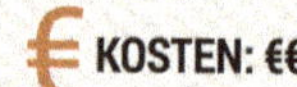 KOSTEN: €€    VORBEREITUNGSZEIT: 18 MIN    BACKZEIT: 18 MIN   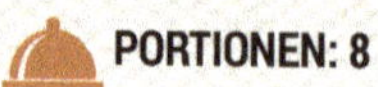 PORTIONEN: 8

ZUTATEN:

- 96g Mandelmehl
- 2 Esslöffel getrockneter Parmesankäse
- 1 Teelöffel Knoblauchpulver
- ½ Teelöffel Zwiebelpulver
- ½ Teelöffel getrockneter Oregano
- ½ Teelöffel getrockneter Rosmarin
- ¼ Teelöffel schwarzer Pfeffer
- ½ Teelöffel Salz

ANLEITUNG:

1. Alle Zutaten in einer große Rührschüssel geben, und sie ordentlich vermischen.

2. In einem luftdichten Behälter im Kühlschrank aufbewahren.

Serviervorschlag: Verwenden Sie es wie herkömmliche Semmelbrösel. Verwenden Sie es, um Huhn oder sogar Gemüse köstlich zu panieren. Für einen nussigen italienischen Geschmack zu Salaten geben oder auf Aufläufen verwenden.

Zubereitungstipp: Um Huhn zu panieren, tauchen Sie das Huhn in eine Schüssel mit verquirlten Eiern und dann in das hausgemachte Paniermehl für eine gesunde, glutenfreie Alternative zum herkömmlichen gekauften Paniermehl.

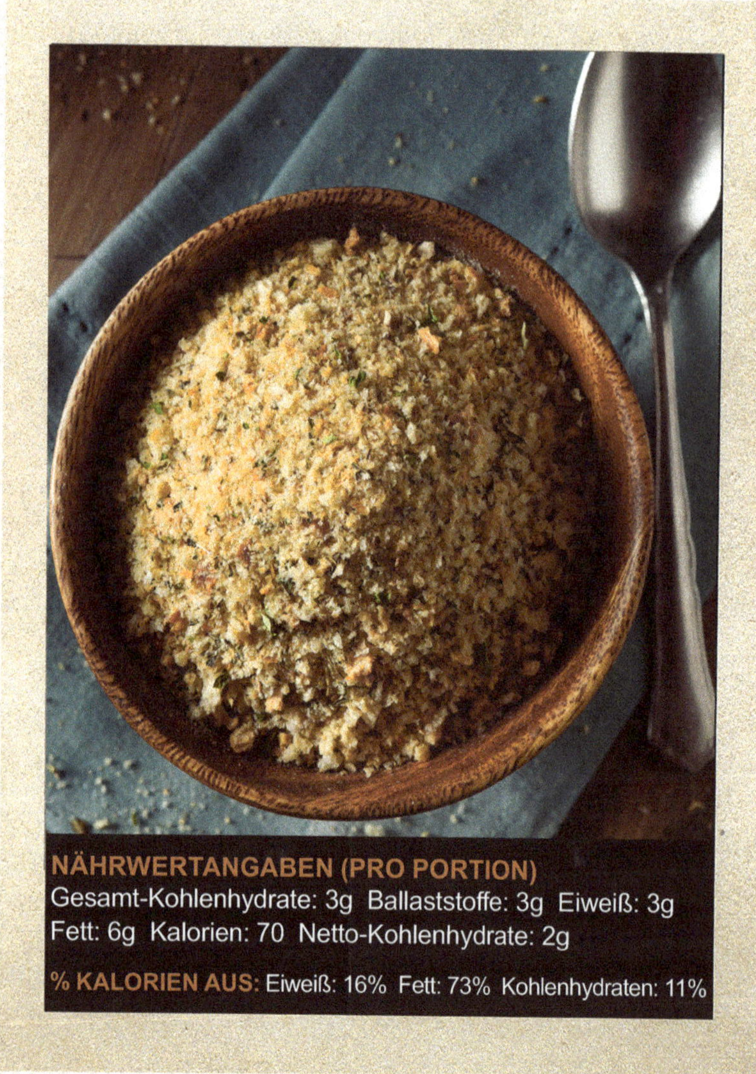

NÄHRWERTANGABEN (PRO PORTION)
Gesamt-Kohlenhydrate: 3g Ballaststoffe: 3g Eiweiß: 3g
Fett: 6g Kalorien: 70 Netto-Kohlenhydrate: 2g

% KALORIEN AUS: Eiweiß: 16% Fett: 73% Kohlenhydraten: 11%

RUSTIKALE Boule

 **SCHWIERIGKEITSSTUFE: 1**    **KOSTEN: €€**    **VORBEREITUNGSZEIT: 20 MIN + 1 HOUR PROVING TIME**

BACKZEIT: 35-40 MIN   **PORTIONEN: 12**

ZUTATEN:

- 360ml Kokosmilch
- ½ Teelöffel pulverisiertes Stevia
- 2 Teelöffel Trockenhefe
- 2 Eier, Raumtemperatur
- 1 Teelöffel Apfelessig
- 96g Mandelmehl, gesiebt
- 256g glutenfreies Allzweckmehl, gesiebt
- ½ Teelöffel Salz
- 3 Esslöffel Olivenöl

ANLEITUNG:

1. Heizen Sie Ihren Ofen auf 205°C vor und legen Sie ein Backblech mit Backpapier aus.

2. Die Kokosmilch bei schwacher Hitze erwärmen, dann Stevia und Hefe hinzufügen und verrühren.

3. In einer separaten Schüssel die Eier bei Raumtemperatur mit Apfelessig verquirlen. Die warme Milch einfüllen und zum Mischen erneut verrühren.

4. Mischen Sie sowohl das Mandelmehl als auch das glutenfreie Mehl mit dem Salz. Fügen Sie die feuchten Zutaten hinzu, einschließlich 2 ½ Esslöffel des Olivenöls, und mischen Sie sie gut. Den Teig kneten, bis er eine Masse ist. Sie sollte ein wenig klebrig sein, fügen Sie aber gerne glutenfreies Mehl hinzu, wenn sie zu klebrig ist.

5. Den Teig auf dem mit Backpapier ausgekleideten Backblech zu einer Kugel formen. Mit dem restlichen Olivenöl bestreichen und mit Frischhaltefolie abdecken. Eine Stunde lang an einem warmen Ort ruhen lassen.

6. Die Frischhaltefolie entfernen, mit einer kleinen Handvoll glutenfreiem Mehl bestäuben und 35-40 Minuten backen.

NÄHRWERTANGABEN (PRO PORTION)
Gesamt-Kohlenhydrate: 10g Ballaststoffe: 3g Eiweiß: 1g
Fett: 13g Kalorien: 161 Netto-Kohlenhydrate: 7g

% KALORIEN AUS: Eiweiß: 3% Fett: 79% Kohlenhydraten: 19%

JALAPEÑO Maisbrot

SCHWIERIGKEITSSTUFE: 1 **KOSTEN: €€** **VORBEREITUNGSZEIT: 10 MIN** **BACKZEIT: 30 MIN** **PORTIONEN: 6**

ZUTATEN:

- 128g glutenfreies Allzweckmehl
- 160g glutenfreies Maismehl
- 1 ½ Teelöffel Backpulver
- 1 Teelöffel Backpulver
- 1 Teelöffel Salz
- 240ml Buttermilch
- 2 Eier
- 2 Esslöffel Olivenöl
- ¼ Teelöffel Stevia-Extrakt
- 1 Jalapeno-Pfeffer, fein gehackt

ANLEITUNG:

1. Fetten Sie Gusseisenpfanne ein und heizen Sie den Ofen auf 175°C vor.

2. Die gehackten Jalapeños beiseite stellen, den Rest der nassen und trockenen Zutaten in separaten Rührschüsseln verquirlen, dann mischen und glatt rühren. Die gehackten Jalapeños dazugeben und gut verrühren, um sie gleichmäßig im Teig zu verteilen.

3. Die Mischung in die gefettete Gusseisenpfanne gießen und im Ofen 30-35 Minuten backen.

4. Das Brot vor dem Schneiden und Servieren abkühlen lassen.

Serviervorschlag: Perfekt mit frisch geschnittenen Jalapeños für einen zusätzlichen Kick.

NÄHRWERTANGABEN (PRO PORTION)
Gesamt-Kohlenhydrate: 7g Ballaststoffe: 1g Eiweiß: 1g
Fett: 4g Kalorien: 74 Netto-Kohlenhydrate: 6g

% KALORIEN AUS: Eiweiß: 6% Fett: 56% Kohlenhydraten: 38%

WAS IHNEN AUCH GEFALLEN KÖNNTE

BITTE BESUCHEN SIE DEN FOLGENDEN LINK ZU
DASS SIE ANDERE BÜCHER DES AUTORS SEHEN.

http://ketojane.com/buch